0・1・2歳児のカラダあそび

あそぼー あそぼっ！

はじめに

　ねんね・だっこ・おすわり・ハイハイ・たっち・あんよ。いろいろな体勢で『カラダを動かす楽しさ』を子どもたちに感じてほしいと願っています。

　そのため、あえて本書のそれぞれの遊びには、対象年齢を表記していません。つまり、その動きができるすべての子が対象というわけです。

　言葉づかいやアプローチ次第では、低年齢児に限らず幼児でも充分に楽しめる内容が多く含まれています。小さな子どもとカラダを使って遊ぶ喜びを、保育者や保護者のみなさんにも存分に感じてもらうために私が念頭に置いたのは、堅苦しい印象を与えず、ハードルをさげてやさしさとぬくもりがあふれる内容にしたいということ。それは、特に低年齢児との遊びに必要だと常々思っていることだからです。

　ご紹介する17種の遊びは、まるで17店舗の『遊びのお店やさん』が並んでいるデパートのようなものです。まずはウィンドウショッピングから始めましょう。パラパラと本誌をめくると、かわいい掘り出し物が見つかるかもしれません！　気に入ったお店（遊び）があれば、何度でもご来店（実践して）くださいね！

　本書はたくさんの方々からやさしく心強いお力をお借りして完成しました。深く感謝しつつ、今度は本書が、様々な保育や育児の場で少しでもお力になれることを期待しています。

　最後になりましたが、子どもたちが笑顔で思いきりカラダを動かせる幸せな毎日が続くことを願って……。

日本遊育研究所
藤原明美

あそぼー
あそぼっ！

CONTENTS

パラパラまんがで
とまとちゃんが
走る! 踊る♪

子育て支援活動のイベントとして
親子でふれあいカラダあそびを ⋯ 68
おすすめします。ポイントはこちら!

型紙がダウンロードできます

型紙　このアイコンがついている遊びは、
遊びに使用するアイテムの型紙がダウンロードできます。
http://www.meito.jp/bonus/asobi_katagami からどうぞ。

からだエレベーター

おてて エレベーター

あがり ま〜す!

あがり ま〜す!

あがり ま〜す!

両手を持って下から小刻みにあげていきます。

もっと あがり ま〜す!

さがり ま〜す!

最後は無理やりではなく、じわりと伸ばしあげます。

力が抜けるように両手をおろします。

Point!

あげさげをコミカルにくり返し楽しみましょう。アナウンスするような声と間合いがポイントです。

バリエーション

あしエレベーター

あがりま〜す! あがりま〜す! あがりま〜す!

さがり ま〜す!

両足を持ってあげさげします。

ひざエレベーター

あがりま〜す! あがりま〜す! あがりま〜す!

さがり ま〜す!

体を支えたまま、ひざをあげさげします。

たっちしてあそぼっ！

Arrange!

1人でも、親子でも、楽しみながら運動負荷をかけられます。

1人で

あがりま〜す！　あがりま〜す！　あがりま〜す！　さがりま〜す！

小さくしゃがんだ姿勢からスタート→だんだん大きくなって→背伸びでバンザイ→また小さく。

親子で

あがりま〜す！　あがりま〜す！　あがりま〜す！　さがりま〜す！

両手をつないだままおこないます。（途中のキープは、大人には案外しんどいものです ）

バリエーション

あしエレベーター

両手を後ろにつきます。

おなかエレベーター

両手足で踏んばって！

おしりエレベーター

うつ伏せから
スタートします。

ぺったんこねこね〜

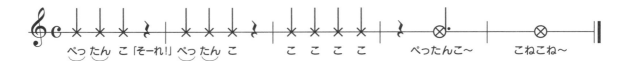

ぺったん こ「そーれ!」ぺったん こ　　　こ　こ　こ　こ　　ぺったんこ〜　　こねこね〜

①

♪ぺったんこ
「そーれ!」
ぺったんこ

リズミカルに3回手拍子を
2回くり返します。

②

♪こここ

ほおを指差します。

③

ぺったんこ〜

両手のひらを
ほおにくっつけます。

④

こねこね〜

両手のひらで
ほおをこねこね〜。

Point!

子どもといっしょに元気な声を出しな
がらおこなうと、さらに楽しくなりま
す。保育者は最初の「♪ぺったんこ『そ
ーれ!』」を勢いをつけて誘導し、次
の「♪ぺったんこ」は子どものみに声
を出させてみるのもよいでしょう。

♪ぺったんこ
「そーれ!」

ぺったんこ

ぺったんこ

ほおを指でつまんで確認します。

食べるまねっこ！「おいしいね～」。

※② (♪こここ) で指差す位置をいろいろ変えて、
同様に「ぺったんこ～」→「こねこね～」して食べちゃいましょう。

おなかおもち

あしおもち

うでおもち

おしりおもち

Point!
そのほかに「耳たぶおもち」「鼻おもち」もあります。ぱくっ!! と食べるときは、保育者が子どもたちを食べたり、子ども同士で食べ合ったりしてふれあうのもよいでしょう。

ねんねしてあそぼっ！

やさしくマッサージするようにスキンシップをはかりましょう。

1 ♪ぺったんこ「そーれ！」ぺったんこ

両手を持って3回たたき合わせる動作を
やさしく2回くり返します。

2 ♪こここ

手をやさしく置き、次にぺったんこする
体の部位を指差すようにふれます。

3 ぺったんこ～
4 こねこね～

両手のひらでやさしく「ぺったんこ～」「こねこね～」。

おなかおもち
いったたきまーす！

ぱ。ぱ。く！！

食べるまねっこ！

※同様に「ほっぺ」「あし」「おしり」など、くり返し楽しみましょう。

Point!

ここちよい力加減でおこないましょう。基本は「やさしく！」、そして「お茶目に！」。子どもを喜ばせようと思うあまり、強くやりすぎると不快感を招きかねないので注意しましょう。

Point!

この「ねんねしてあそぼっ！」のページの遊び方は、お座りしても同様におこなうことができます。

たっちしてあそぼっ!

元気いっぱい、全身を使って動いてみましょう。

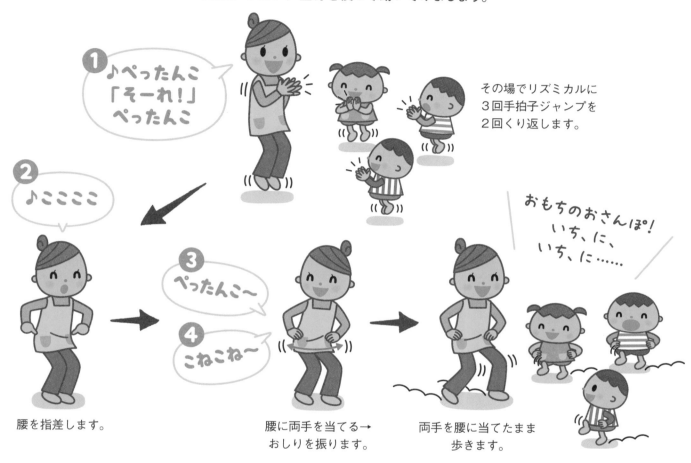

① ♪ぺったんこ
「そーれ!」
ぺったんこ

その場でリズミカルに
3回手拍子ジャンプを
2回くり返します。

② ♪ここここ

③ ぺったんこ〜

④ こねこね〜

おもちのおさんぽ!
いち、に、
いち、に……

腰を指差します。

腰に両手を当てる→
おしりを振ります。

両手を腰に当てたまま
歩きます。

※② (♪ここここ) で指差す位置をいろいろ変えて、
同様に「ぺったんこ〜」→「こねこね〜」してから、おさんぽしちゃいましょう。

ひざ

あしくび

Point!

足首を持って歩くの
は、大人にとっては大
変な動作ですが、子ど
もは意外と上手にモゾ
モゾと小刻みに進んで
いました。

かんたん指人形

❶

ティッシュペーパーを
2枚一緒にくるくる丸めます。

❷

てるてるぼうずを作る要領で、
赤い折り紙をかぶせます。

❸

指人形のように人差し指にはめて
形を整え、首のところを輪ゴム
（カラフルなヘアゴムでもOK！）でとめます。

❹

サインペンで
顔を描いたら
できあがり！

❺

同様の手順で、
青い折り紙を使って
もう1つ作ります。

 Point!

ここでは赤と青の2色にしましたが、もちろん
ほかの色でも大丈夫！
次ページ以降を参考に、楽しくストーリーをつ
けて展開するとよいでしょう。ストーリーは臨
機応変にどんどんアレンジしてください。

Point!

折り紙の代わりに不
織布やカラービニー
ルなどを使うと、耐
久性があがります。

いろいろな色で
たくさん作って
カラフルに飾っても
いいですね！

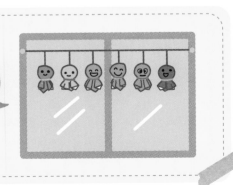

おはなししましょう

今日はお友達を
連れてきたよ。
みんなで『お～い』って
呼んでみてね！ ソーレ!!

①

お～い！

お～い

※あらかじめ
ポケットの
中に2つの指人
形を入れてお
きます。

②

はーい！
呼んだ？

何色？ ……そう、赤！
わたしの名前は
「あかちゃん！」っていうの。
お友達になってね！

あかー！

※ポケットの
中で赤い指人
形をはめて出
します。

③

あれ？ もう1人
お友達がいるよ。
もう一度『お～い』って
呼んでみて！ ソーレ

お～い！

はーい！
呼んだ？

何色？ ……そう、青！
ぼくの名前は
「あおくん！」っていうんだよ。
お友達になってね！

あおー！

※ポケットの
中で反対の手
に青い指人形
をはめて出し
ます。

④

あかちゃんと
あおくん
2人は……

なかよし～

※2つの指人形
を中央でくっつ
けます。

Point!

子どもが指人形をほしがり、収拾がつかな
くなることもあるでしょう。それだけ興味
を示したことの表れです。子どもの指には
めてあげて、会話をするのもよいでしょう。

⑤
あおくんを寄せ
ながら……。

⑥
あかちゃんを動かし
ながら……。

⑦
両方を揺らしながら……。

⑧
こめかみに当てて
考えこんで……。

⑨
一気に表情を変えて！

⑩
あかちゃんとあおくんを
正面向きにしてリズムを
とりながら……。

⑪
一気に向かい合わせて、
保育者自身がおもしろい
顔をしながら……。

⑫
表情たっぷり、体を
動かしながら……。

⑬
気分をさっと変えて！

⑭
間合いをたっぷりとりながら……。

⑮
中央でくっつけます。

おすわりしてあそぼっ!

指人形をつけているだけで、いつもの遊びがひと味変わります。

ムギュ〜

保育者や近くの友達と
やさしくムギュ〜。

なかよし!!
ムギュ〜

ムギュ〜

愛情たっぷりにハグします。

ぴょ〜ん!

両手をバンザーイ!!

なかよし
ぴょーん!!

ぴょ〜ん!

たかいたか〜い!

こちょ
こちょ〜

保育者や近くの友達と、
やさしくこちょこちょ〜。

なかよし!!
こちょこちょ〜

こちょ
こちょ〜

やさしく全身を
くすぐります。

13

たっちしてあそぼっ！

指人形をつけているだけで、集中力がアップします。

わ～～！

その場で手足を
バタバタさせます。

ぴょんぴょんぴょん！

ぴょんぴょん
ジャンプ！

スタート

ぬきあし、さしあし、
しのびあし～

そ～っとゆっくり
歩きます。

おっとっとっと

片足をあげて
バランスをとります。

Point!

保育者は指人形をつけたまま遊びの
リードができます。「あかちゃん、あ
おくんに負けるな～！」とあおって
みるなど、指人形と一緒に遊んでい
る雰囲気を出しましょう。

14

Arrange!

親子であそぼっ！

子育て支援活動などでの展開アイデアです。

親子で "かんたん指人形" を作ります。

製作物の材料を配るときにも「選択する遊び」を加えてみましょう。

①

最初の材料はコレ！そうティッシュペーパー！

ティッシュペーパーを両手のひらでやさしく丸めます。

どーっちだ？

片手に忍ばせて両手を握り「どーっちだ？」と問いかけます。

②

ジャジャジャジャ〜ン！

表情たっぷりに手を開いて見せ、親子のリアクションを待ってから「みんなもやりたいよネ！」と促して、親子にティッシュペーパー（2枚）を配って実際にやってみましょう。

③

次は折り紙！何色？……そう 赤！青！どっちがいい？

赤と青を順番に見せたあと、どちらかを選んでもらいます。

④

折り紙1枚と輪ゴム1本！親子で一緒に取りに来てください。

※人数が少ないときは、保育者が親子の元に届けてもよいでしょう。

さあ、親子で指人形を作ったら、おはなしを楽しみましょう。

（※作り方はP.10参照）

指人形をはずしてこんな遊びも!!

投げたりキャッチしたり、元気に楽しめます。

ぐる～ん！

ぐる～ん！　作詞・作曲：瀬戸口清文・藤原明美

♩＝92

トン　トン　トン　トン　あ　た　ま　　トン　トン　トン　トン　ほっ　ペ

トン　トン　トン　トン　あ　し　さん　が　ま　わ　り　ま　す　ぐる～ん！

※動きの内容に応じて「ぐる～ん！」の長さは変わります。

1 ♪トントン　♪トントン

やや上で2回手を合わせます。

やや下で2回手を合わせます。

2 ♪あたま

頭を2回タッチします。

Point!

ひざにのせての遊びは、両足を伸ばした長座姿勢でおこなったり、正座やあぐらなど、いろいろな方法があります。親子指導のときは、人前であぐらをかくことに抵抗感をもつママさんもいるので、私は自らあぐらをかき、「気にならなかったら、あぐらのほうが楽かもしれませんよ！」と先に言うようにしています。

16

③ ♪トントン ♪トントン

①と同じように手を合わせます。

④ ♪ほっぺ

ほおに２回タッチします。

Point!

体の可動範囲を意識し
ながら、無理なく動か
してあげましょう。

⑤ ♪トントン ♪トントン

①と同じように手を合わせます。

⑥ ♪あしさんが まわります

子どもの両足を持ちます。

⑦ ♪ぐる〜ん！

足をやさしく回します。

バリエーション

「♪あしさんがまわります」の部分をいろいろと変えて楽しみましょう。

♪おててが まわります

両手をやさしく回します。

♪おしりが まわります

子どもの体を支え、おしりを
支点にひと回り！

♪ぜーんぶ まわります

わきを支え、左から右に円を描く
ように回して、ひざにおろします。

Arrange!

おすわりしてあそぼっ!

ひとりで座って、こんなことできるかな?

前半は歌詞のとおりに手拍子&タッチ遊び!

♪トントン ♪トントン

上で2回手拍子! 下で2回手拍子!

♪あたま

頭を2回タッチ!

♪ほっぺ

ほおに2回タッチ!

♪あしさんがまわります

ぐる〜ん!

両手を後ろについて用意します。 両足をあげて回します。(腹筋の運動です!)

バリエーション

♪おててがまわります

ぐる〜ん!

両手のひらを合わせて指を組み、手首を回します。

♪おしりがまわります

ぐる〜ん!

おしりを支点にひと回り!

18

たっちしてあそぼっ！

全身を思いっきり動かしてみましょう！

前半は
左ページ同様、
歌詞のとおりに
手拍子＆タッチ遊びを
おこないます。

両手をひざに当てて用意！

♪あしさんが
まわります

ぐる〜ん！

ひざを回します。

バリエーション

♪おててが
まわります

ぐる〜ん！

大きく腕回し！

ぐる〜ん！

♪おしりが
まわります（A）

両手を腰に当て、
おしりを回します。

♪おしりが
まわります（B）

両手を床について、
おしりを回します。

ぐる〜ん！

Point!

赤ちゃんや低年齢児だけでなく、幼児の体遊びとしても充分に楽しむことができます。「回せるところ、ほかにあるかな？」と子どもたちと相談しながら遊びを広げていくのもよいでしょう。ただし、頭（首）を回す場合は、くれぐれもゆっくり回すよう注意しましょう。

♪ぜーんぶ
まわります

かいぐりをして全身をくねらせながら、ひょうきんにひと回り！

ぐる〜ん！

へんしんまんまる

準備をしましょう！

\ まんまるちゃんを作る /

丸く切った厚紙に色画用紙を貼り、
下のように顔を描きます。

型紙　まんまるちゃんの型紙がダウンロードできます。
http://www.meito.jp/bonus/asobi_katagami からどうぞ。

\ 洗濯ばさみを /
用意する

いろいろな色が
あると楽しいですよ。

へんしんまんまる！　作詞・作曲：藤原明美

へん　しん　へん　しん　　まん　まる　ー　　　　へん　しん　まん　まる　　　ー

はじまりはじまり〜!!

①

ジャーン

今日は
"まんまるちゃん"を
連れてきたよ!

まんまるちゃんを
子どもたちに見せ
ます。

---

②

今から"まんまるちゃん"が
変身します。
みんなも手伝って!

変身ポーズを
一緒にしよう!

へ〜ん

しん!

Point!

子どもたちも一緒
に変身ポーズをす
るように促しまし
ょう。

両手をグーにして、
力をためるように体をふるわせます。

バンザイ!

---

③

♪へんしんへんしんまんまるー
へんしんまんまるー
へんしんへんしん……

保育者はくり返しうたいながら、
洗濯ばさみをつけていきます。

21

④

ジャーン

お耳が長いよ。
だ～れだ？

ウサギ～！

⑤

みんなでウサギさんに変身して、
お散歩に行こう！

ぴょん
ぴょん

進め方

① "まんまるちゃん"を出す。

② みんなで変身ポーズ＆コール！

③ うたいながら洗濯ばさみをつける。

④ だ～れだ？

⑤ その動物に変身しての模倣遊び。

さあ、次の
"まんまるちゃん"は誰かな？

ブタさん！

ブタさ～ん！

本当にブタさんかな？
よ～し、みんなで変身ポーズ！
せ～の！ へん～

し～ん！

"まんまるちゃん"の へんしんア・ラ・カルト

ブタさんハイハイ

ブゥー
ブゥー

ヒヨコのジャンプ！

空を飛ぶ
練習！

ぴよ
ぴよ……

アヒル歩き

ガア
ガア

ついて
おいで！

ヘビさんにょろにょろ

おててをパッチン！
にょろにょろ〜！

ねんねして、
全身でにょろにょろ〜！

オニさんごっこ

強いぞ！

ガォー！

こんな
アイデアも!!

手形や足形、お絵描きなどの作品を棚の
上に飾ってみてはいかがでしょうか！

ドライブッブー

ドライブッブー　作詞・作曲：藤原明美

ド ラ イ ブッ ブー ー ド ラ イ ブッ ブー ー

「まがりまーす」
「でこぼこみち」
「さかみち」
「くねくねみち」
「ねこちゃんだ！」

「まがりまーす」
キャ〜
体を傾けます。

でこんぼこん
「でこぼこみち」
小刻みに揺れます。

「さかみち」
とっと…
しゅ〜
体を後ろに反らしたり、前にかがんだりします。

スタート
♪ドライブッブー ドライブッブー
両手でハンドルを持つように構え、軽く揺れます。

「くねくねみち」
くねくね〜
左右にくねらせます。

おっとあぶない！
「ねこちゃんだ！」
「たかいたかいジャンプ」で跳び越えます。

Point!
1人で座っての運転も同様に楽しめます。

Arrange!

ハイハイであそぼっ!

ハイハイの「くるま」でドライブを楽しみます。

♪ドライブッブー　ドライブッブー

トンネルでーす

ハイハイであちこち移動します。

保育者の足のトンネルをくぐります。

 **Arrange!**

たっちしてあそぼっ!

ドライブ遊びのバリエーションがさらに広がります。

しゃがんだまま

その場で体を揺らしながらのドライブです。
※左ページの動きをしゃがんだまま楽しんでみましょう。

立ちあがって

あちこち移動しながらのドライブです。
※左ページの言葉に合わせた動きを取り入れ、楽しく展開してください。

 Point!

新聞紙で作った輪っかなどを手に持つと、よりドライブの気分で楽しめます。

ぴちゃぴちゃばしゃばしゃ

ぴちゃ　ばしゃ　　みず あそ び　　もぐって もぐって　　もぐって もぐって　　ザブーン！
　ぴちゃ　　ばしゃ

♪ぴちゃぴちゃばしゃばしゃ　みずあそび

両手首を持って、リズムに合わせてやさしく振ります。

♪もぐってもぐって　もぐってもぐって

両わきを抱えて……。

ザブーン！

たかいたか〜い！

ハンカチあそびも！

♪ぴちゃぴちゃばしゃばしゃ　みずあそび

リズミカルに揺らします。

♪もぐってもぐって　もぐってもぐって

ハンカチをゆっくりあげて顔を隠して……。

ザブーン！

一気にハンカチをおろして笑顔を出します。

 Arrange!

たっちしてあそぼっ!

シンプルなくり返しを楽しみましょう!

♪ぴちゃぴちゃ
ばしゃばしゃ
みずあそび

手首から先をぶらぶら振りながら、
全身でリズムをとります。

♪もぐって
もぐって　　もぐって
　　　　　　もぐって

両手を合わせて、
だんだんしゃがんでいきます。

ザブーン!

両手を広げながら、
一気にジャンプ!

 Point!　クジラの潮吹きのようなジャンプが決め手です。子どもの様子を見ながら、「♪もぐって〜ザブーン!」をくり返し楽しんでもよいでしょう。

たらいやビニールプールに水を張り、うたいながらホントの水あそびも!

アヒルさんが
水遊びだよ!

♪ぴちゃぴちゃ
〜
もぐってもぐって
〜
ザブーン!

水遊び用のおもちゃやペットボトルなどを、ぴちゃぴちゃさせて→もぐらせて→ザブーン!　と一気に水から出します。

♪ぴちゃぴちゃばしゃばしゃ
みずあそび

両手を水面でぴちゃぴちゃさせます。

♪もぐってもぐって
もぐってもぐって

ザブーン!

もぐらせた両手を一気にあげて、水しぶきを立てましょう!

Arrange! ねころがってあそぼっ!

「♪もぐって」を「♪およいで」に替えてうたいます。

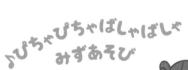

♪ぴちゃぴちゃばしゃばしゃ
みずあそび

うつ伏せになり、両手で軽く床をたたいてリズムをとります。

♪およいでおよいで
およいでおよいで

両手を床について……。

♪およいでおよいで
およいでおよいで

ゴロンとあお向けになって……。

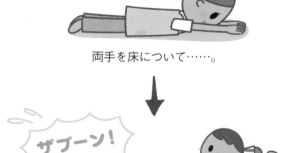

ザブーン!

一気に両手足をあげて体を反らせます。
（背筋の運動です！）

ザブーン!

両手足をあげてぶらぶらと振ります。
（腹筋の運動です！）

Point! 大人にとっては少しつらい動きかもしれませんが、声と表情でカバーしましょう！

Point! あお向けになると保育者の姿がよく見えないので、「手も足もぶらぶら〜」と声かけをしましょう！

たっちしてあそぼっ!

さらに「♪ザブーン」を「♪タッチ」に替えてうたいます。

♪ぴちゃぴちゃ
ばしゃばしゃ
みずあそび

手首から先をぶらぶら振りながら、リズムに合わせてジャンプします。

♪およいでおよいで
およいでおよいで

両手のひらを合わせて、
くねくねしながら走り回ります。

♪およいでおよいで
およいでおよいで

両手をイヌかきのように
動かしながら走り回ります。

♪およいでおよいで
およいでおよいで

両手を前に伸ばして
走り回ります。

タッチ!

保育者にタッチします。

Point!

ほかにも、子どもたち同士や床(地面)や目標物などにタッチしてもよいでしょう。

へい！おまち!!

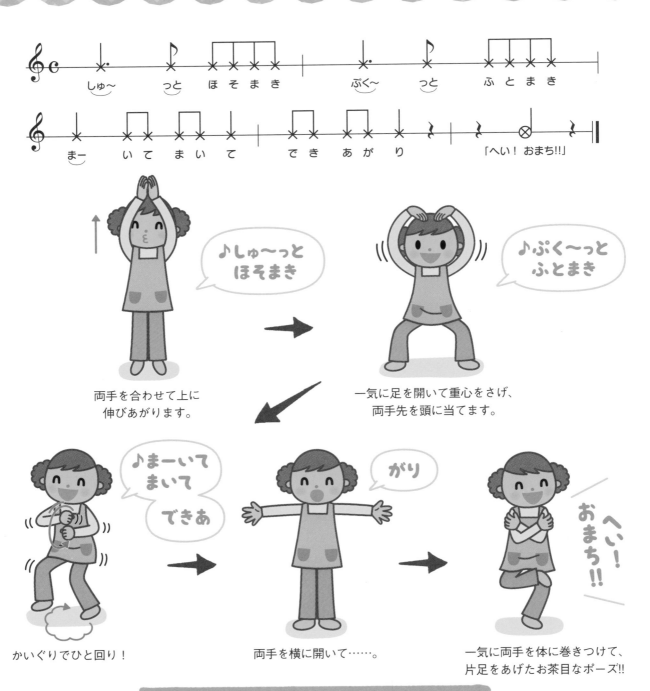

※友達同士や親子で向かい合っておこなうのも楽しいですね！

ねんねしてあそぼっ!

くすぐったくて、おもしろくて、思わず笑っちゃうこと間違いなし!

♪しゅ〜っと ほそまき

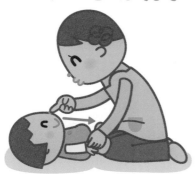

片手の人差し指で顔から足に向かって、
線を描くように動かします。

♪ぷく〜っと ふとまき

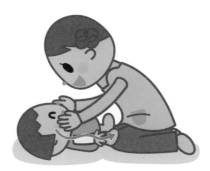

両手のひらでほおから足まで
なぞるようにさわります。

♪まーいてまいて できあがり

両足首を持ってやさしく足を持ちあげ、
顔を隠します。

へい!
おまち!!

両足を軽く左右に開くと同時に、
茶目っ気たっぷりに「へい!おまち!!」。

 Point!

体の柔らかい子どもは割とすんなり、足で顔
を隠せてしまいます。とはいえ、無理やりお
こなうのではなく、様子を見ながらやさしく
持ちあげるようにしましょう。

 Point!

最後の「へい!おまち!!」がこの遊びの最大
の決め手です。お茶目な表情はもちろんのこ
と、微妙な『間(マ)』がおもしろさをふく
らませるポイントになります。

とまとがはしる Part 1

とまとがはしる　作詞・作曲：藤原明美

1.2.3.と　ま　と　が　は　し　る〜　　　ほんと？　　　ほら！

とまとがはしるよ　とっ とこ と　　とっ とこ と　　とっ とこ と　　とまとがはしるよ　とっ とこ と
　　　　　　　　どこ どこ ど　　どこ どこ ど　　どこ どこ ど　　　　　　　　どこ どこ ど
　　　　　　　　どん どこ ど　　どん どこ ど　　どん どこ ど　　　　　　　　どん どこ ど

とっ とこ と　　とっ とこ と　　とまとまて　　とまとまて　　とまとまて まて
どこ どこ ど　　どこ どこ ど
どん どこ ど　　どん どこ ど

とまとま　って　とまとま　って　とまとま　って　とまって！

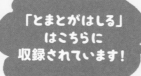

「とまとがはしる」はこちらに収録されています！

0・1・2さい　親子の体あそびCD
だいすきっちゅ

商品コード　27230　定価￥2,750（税抜価格￥2,500）
監修／瀬戸口清文
著／藤原明美　松家まきこ
CD 1枚／全14曲　収録時間／約30分
振付集／1色刷り　28ページ

 遊びに入る前に

おはなししましょう

準備

小・中・大、3つの
ペープサートを作ります。

ちっちゃい
とまと

ちゅうくらいの
とまと

おおきい
とまと

うちわを利用しても
よいでしょう！

振ると揺れるように、手足をつけてかわいくしましょう！
（手芸用の小さなボンボンなどを利用してみてください）

型紙 とまとのペープサートの型紙がダウンロードできます。
http://www.meito.jp/bonus/asobi_katagami からどうぞ。

1

みんなの好きな
食べ物はなあに？

いちご！

バナナ！

おにぎり！

2

先生は赤いおやさいが
好きなんだけど……。
わかる？

とまと！

とまと〜

いちご？

3

そう！ とまと‼
今日はとまとちゃんを
連れてきたよ。

みんなで
「とまとちゃ〜ん」って
呼んでみようか。
せーの！

とまと
ちゃ〜ん

4

このとまとちゃんね、今から
おうたに合わせて走るんだって！
みんなは座ったまま、
とまとちゃんを応援してね！

は〜い！

かわいい〜

とまとちゃんだ！

ちっちゃ！

※『ちっちゃいとまと』の
ペープサートを出します。

Point！

ペープサートは、小・中・大の大きさ
の違いが見てはっきりわかるように作
るとよいでしょう。『ちっちゃいとま
と』は、小さいほどインパクトは大！
「ちっちゃ！」「かわいい！」なんて言
葉が出たら、つかみはOK！
出なかったら、自分で言ってムードメ
イクしましょう。

ほら！（とまとがはしるよ
とっとこと　とっとこと　とっとこと）×2
とまとまてー　とまとまてー　とまとまてまてー
とまとまって　とまとまって　とまとまって

♪とまとがはしる

『ちっちゃいとまと』を1呼間ずつ左右に揺らします。

表情たっぷりにとまとを見つめます。

少し体を縮めて、とまとを小刻みに揺らして、小走りであちこち移動します。

（※とまとを追いかけるように演じながらおこないましょう）

反対の手でストップをかけるようなしぐさで動きを止めます。

Point!

この歌のクスッと笑える最大のポイントが、この「とまって！」。保育の現場で、何度も保育者や保護者のみなさんがこの場面で笑ってくださり、意味がわからない子どもたちも何だか笑ってしまうんです！表情たっぷりに演じてください。

『ちゅうくらいのとまと』に持ち替えます。

※同様に『ちゅうくらいのとまと』が走って〜止まるをおこないます。

『おおきいとまと』でも走って〜止まるをおこないます。

Point!

走り方も『ちっちゃいとまと』は小走りで、『ちゅうくらいのとまと』は少し元気に！『おおきいとまと』はドタバタと地面を踏み鳴らすように！　と表現豊かにおこないましょう。

はしってあそぼっ!

とまとを追いかけるように走る、かけっこ遊びです。

まずは『ちっちゃいとまと』

ほら! とまとがはしるよ
とっとこと〜〜 とまとまって

とまって!

♪とまとが
　はしる

しゃがんで両手で
つくった輪っかを
左右に揺らします。

立ちあがり、ちょこまか小走り。

ピタッと止まります。

「おや? 大きくなったよ」

『ちゅうくらいのとまと』のイメージで。

ほら! とまとがはしるよ
どこどこど〜〜 とまとまって

とまって!

♪とまとが
　はしる

両手のげんこつを
合わせて、左右に
揺らします。

にこやかにゆっくりと走ります。

ピタッと止まります。

「もっと大きくなったよ」

『おおきいとまと』のイメージで。

とまって!

Point!

保育者が片手にペー
プサートを持って、
全体を誘導してもい
いですね!

♪とまとが
　はしる

大きな丸をつくって、
左右に揺れます。

ほら! とまとがはしるよ
どんどこど〜〜
　　　とまとまって

ドタバタ元気に走ります。

ピタッと止まります。

とまとがはしる Part2

おててが
とまと！

1

ちっちゃいとまと
おててでつくってみて！

2

おいしいね！
いただきまーす！！
ぱくぱく
ぱく…
ぱくぱく…

3

おや?! とまとが
おおきくなったよ！
両手をげんこ
つにして合わ
せます。

4

おいしい！
もぐ
もぐ…
いただき
まーす！！

5

おやおや?! とまとが
もっとおおきくなったよ！
両手でとまとの
形をつくります。

6

いただき
まーす！
むしゃ
むしゃ…

7

みんなのとまとも
味見させて!!
いいよ！
どうぞ…！
おいしいね！

からだがとまと！

P.32の『とまとがはしる』の歌をうたいながらおこないましょう。

全身でとまとになりきっての表現遊びです。

ちっちゃいとまと

♪とまとがはしるよ とっとこと

体を丸めて小さくなります。

もぞもぞ進みます。

ちゅうくらいのとまと

♪とまとがはしるよ どこどこど

ハイハイの姿勢になります。

ハイハイで進みます。

おおきいとまと

♪とまとがはしるよ どんどこど

両手で大きな丸をつくり、
足を開いて
重心を落とします。

どんどこ床を
踏み鳴らして、
あちこちに進みます。

Point!

最初は保育者が見本を見せないと小・中・大をイメージするのがむずかしいかもしれませんが、くり返すうちに「ちっちゃいとまとになって！」などと言葉かけするだけで表現できるようになるでしょう。

遊びに入る前に

とまとボールを作ろう！

参観日や子育て支援など、親子活動で大活躍します。

材料

● 新聞紙（見開き1枚）
● はなおりがみ（赤・2枚）
● 透明のポリ袋（約18×25cm・1枚）
● 緑色の布テープ（約10〜15cm）

 Point!

親子活動で材料をスムーズに配布するためには、あらかじめ以下の用意をしておくとよいでしょう。

※透明のポリ袋の中に、新聞紙とはなおりがみを折りたたんで入れておく。

※人数が多い場合は、人数分の切った布テープを机の端などを利用し、取りやすいように貼っておく。

---

1 まずはおいしくなる魔法をかけましょう。

おい・しい・とま・とに な・あ・れ！

バンバン！バンバン！

開いた新聞紙を両手のひらでバンバンたたいて音を鳴らします。

---

2 親子一緒に作りましょう。

ぐしゃぐしゃ

新聞紙をぐしゃぐしゃに丸めます。

---

3 とまとボールの作り方

はなおりがみ2枚で全体を包みます。

→

透明のポリ袋に入れます。

→

口は縛らずにまとめてねじって折ります。

→

＼完成！／

布テープでとめたら、できあがり！

とまとボールであそぼっ!

作ったもので遊ぶ！　そしてお家に持ち帰るのも楽しみです！

Point!

『とまとがはしる』の歌を口ずさみながら、これらのボール遊びを楽しんでくださいね！

※まわりの親子とぶつからないように注意しましょう。

※親のひざ下をすべり台に見立てます!!

にぎにぎムギュ〜

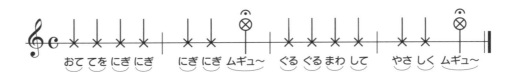

おててを にぎ にぎ　にぎ にぎ ムギュ〜　ぐる ぐるまわ して　やさ しく ムギュ〜

**「お て て を
に ぎ に ぎ
に ぎ に ぎ」**

グーパーを３回
くり返します。

「ムギュ〜」

力をためて体を
揺すります。

**「ぐるぐるまわして
やさしく」**

両手をグーにして
ぐるぐる回します。

「ムギュ〜」

自分の体を抱いて
ムギュ〜。

Point!

手を握ったり開いたりす
る動作は、脳にも刺激を
与えます。指を組んでお
こなってもいいですね。

握る　　　開く

手首を回す

おひざの上でムギュ～

握った手に愛情を込めて、やさしくマッサージしながらスキンシップ！

♪おててを
にぎにぎ
にぎにぎ

子どもの両手をやさしく持って3回握ります。

♪ムギュ～

少し強めに握って、体を揺らします。

♪ぐるぐる
まわして
やさしく

両手を3回やさしく回します。

♪ムギュ～

愛情たっぷりムギュ～と抱きしめます。

Point!

自由に節をつけて、うたうように弾む声で！
特に「ムギュ～」のところは、たっぷり間
合いをとっておこないましょう。

Point!

低年齢児のスキンシップ遊びは、体の可動範
囲を考え、やさしく無理なく動かすことを意
識しましょう。

向かい合ってムギュ〜

座っても立っても、顔を見合ってにこやかにスキンシップ！

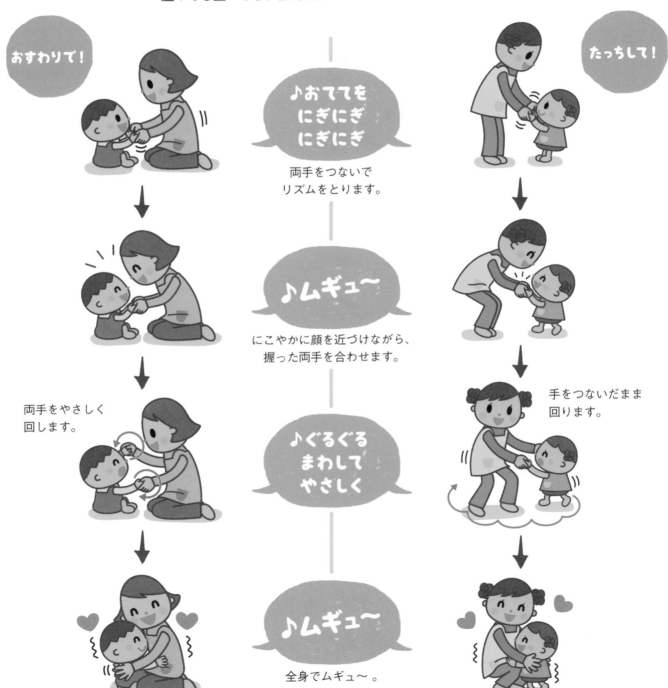

ムギュ～たいそう

楽しく体を動かしながら、お友達ともスキンシップ！

ムギュ～たいそう
第1、よ～い！

両手を開いて、よ～い！

♪おててを
にぎにぎ
にぎにぎ

リズミカルにグーパーを3回くり返します。

♪ムギュ～

グーで力をためます。

♪ぐるぐる
まわして
やさしく

大きく3回腕を回します。

♪ムギュ～

保育者や近くの友達とやさしく抱き合います。

バリエーション

「♪ぐるぐるまわしてやさしく」の部分を次のようにアレンジして、ムギュ～たいそう第2～3へと発展させましょう！

ムギュ～
たいそう
第2

ムギュ～
たいそう
第3

その場で回ります。

その場で
かいぐり＆足踏み！

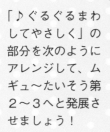

Point!

この遊びの最大のポイントは「やさしくムギュ～」の『やさしく』という言葉です。この言葉のおかげで乱暴に押したり、つかんだりする動きを抑制し、力加減を覚えます。

あてっこまねっこ ぴょん

まずは準備をしましょう

------- 山折り線
------- 谷折り線

1 ハツ切りの色画用紙に大きく絵を描く。
（カエル・ウサギ・カンガルー・サカナなど）

型紙　カエル、ウサギなどの型紙がダウンロードできます。
http://www.meito.jp/bonus/asobi_katagami からどうぞ。

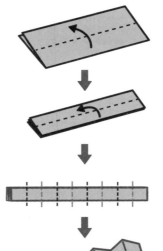

2 絵を内側にして半分→もう半分→さらにもう半分と折って細長くする。

3 3〜4cmを目安にじゃばらに折って、できあがり！

はじまり はじまり〜!!

① あっ！ 細長い棒の中に誰かがかくれんぼしているよ！

じゃばらをしっかり伸ばして子どもたちに見せます。

② ぴょんぴょんぴょんぴょん…

じゃばらを折って片手で持ちます。

③ 一気に指を開くと、前方にピョンと跳び出して、
子どもたちはびっくり！

④ 跳んでいった色画用紙をそ〜っと開きます。
途中で止めて、当てっこ遊び！

Point!
開いたり、閉じたりをくり返して、答えへと導いてもいいでしょう。

⑤ 全部開いて見せます。

みんなで
カエルさんに
なっちゃおう！

しゃがんで両手を
床について用意。

ピョンと跳ね起きて
カエルポーズ！

カエルさんがお散歩します！

ときどき、あお向けに寝転がって手足を
ぶらぶら〜と振るのも楽しいですね！

ウサギがピョン！

同様に「ウサギ」「カンガルー」「サカナ」など、絵の当てっこ遊びをし、当たった動物の模倣遊びを動き楽しみます。

ピョン
ピョン…

両手で耳をつくって
ピョン！

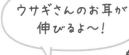
ウサギさんのお耳が
伸びるよ〜！

しゃがんで小さくなります。

ピョ〜ン！

一気にバンザイジャンプ！

カンガルーがピョン！

両手を前に構えて
ピョン！

サカナがピョン！

ピョ〜ン！

うつ伏せの姿勢から両手足を反らせます。
（背筋の運動です！）

Arrange!

おすわりしてあそぼっ！

カエルさんもウサギさんも、ひざの上でピョンピョンピョ～ン！

ピョン　　　ピョン...　　　ピョ～ン！

子どもの体を両手で支え、
やさしくひざを上下して弾ませます。

たかいたか～い！

Arrange!

だっこしてあそぼっ！

カンガルーもサカナも、だっこでにこにこピョンピョンピョン！

カンガルーの親子が
ピョンピョンピョン！

Point!

跳ぶというより、やさしくひざでリズムをとるイメージで！　くれぐれも過激にならないように注意しましょう。

正面向きで抱きかかえて
弾みます。

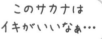

このサカナは
イキがいいなぁ…

Point!

親子活動などで実施する場合は、うつ伏せ抱きがむずかしければ、抱きやすい方法で構いません。無理強いすることなく、柔軟な誘導を心がけましょう。

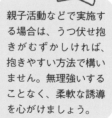

うつ伏せで抱きかかえて
軽く動かします。

紙であそぼー

B4サイズのコピー用紙を親子で1枚使用します。

紙を使って、楽しい遊びを展開しましょう！ 参観日や子育て支援活動など、親子での実施を想定して紹介します。家庭でもできる遊びとして、「紙1枚でもこんなに遊びが広がるんだ！」という気づきになればうれしいです。

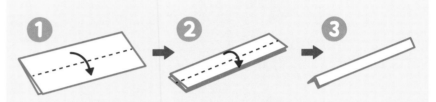

半分→もう半分→さらに半分と折って「棒状」にします。

でんしゃごっこ

ガタン
ゴトン……

ママのおててのトンネルをくぐります！

Point!

窓枠の四角をたくさん描いておき、子どもにシールを貼ってもらうのもいいですね！

そーっとたっち！

立たせられるかな？

ろうそくフーッ！

フーッ！

ケーキのろうそくを吹き消すように倒します。

じゃばらにしてあそぼっ!

「棒状」の紙を「じゃばら」に変身させての遊びです。

3〜4cmを目安に
じゃばらに折ります。

おひめさま!

頭にのせたら、ティアラみたい!

いろいろな形に!

折る回数によっては、こんな形にも!

**ヘビさん
にょろにょろ〜!**

○○ちゃんも
やってみる?

床につけて、手首を左右に振ってクネクネさせます。

Point!

立てたり寝かせたりと、ヘビさんの持ち方を変えて
みるとクネクネする動きが違っておもしろい!

つかまえて〜!

上から垂らして、揺
らしたり、少し移動
させたりします。

まてまて〜!

腰にはさんで、おし
りをフリフリしなが
らゆっくり逃げます。

三角にしてあそぼっ！

「じゃばら」から「三角」に変身させて遊びましょう。

1 じゃばらをしっかり伸ばし、開いて幅を広げる。
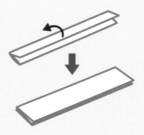

2 四等分に折り目をつけ、AをBのポケット状になっている部分に差し込んで、できあがり！
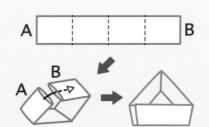

積み木あそび

みんなで並べたり積んだりしよう！

マトリョーシカあそび

入れたり、出したりしてみよう！

Point!

あらかじめ、三角をたくさん作って用意しておくとよいでしょう。大きさもいろいろあると楽しいですよ！

輪っかにしてあそぼっ!

さらに「三角」から「輪っか」に変身です!

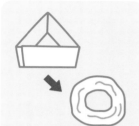

三角を「にぎにぎ」とつぶしながら形を整えて、輪っか(ドーナツ状)にします。

もぐもぐ
ドーナツ
おいしいよ

はい
どうぞ!

見える〜?

まんまる
めがね

のぞいてみよう!

頭に載せて
こんにちは!

頭の上から落ちるのがおもしろい!
くり返し楽しみましょう。

投げたり
蹴ったり
してみよう!

Point!

「遊び終わったら、できれば家まで持ち帰ってほしいな……」と思ってブレスレットのように手首に通していると、まねをする子どもを発見! 大人にとってはただのゴミに思えても、子どもにとっては大切な遊び相手になっているのかもしれません。ぜひ、家庭に持ち帰って親子で楽しんでほしいと思います。

基本的にB4サイズで紹介しましたが、紙の大きさを変えても構いません。また資源を大切にする意味で、広告チラシや古紙の利用もおすすめしますが、準備の簡素化やみんなでおこなう際の統一性を考え、ここではコピー用紙で紹介しました。色つきの紙を使っても楽しいですよ!

ぱぴぷぺポッポー

ぱー！

両手を顔の横で開きます。

ぴー！

人差し指を立てた両手を
頭上にあげます。

ぷ〜！

手をげんこつにして、
ほおに当ててムギュ！

ぺっ！

人差し指をほおに当ててニッコリ！

ポッポー

両手のひらでほおを
くりくりマッサージ！

Point!

子どもたちの様子を見なが
ら、ゆっくりとおこないまし
ょう。シンプルな「お顔遊び」
ですので、写真撮影タイムに
ももってこいです！

Point!

シンプルな
遊びだからこそ

1 お茶目に！

2 声に抑揚をつけて！

3 「間合い」をとって
わくわく感を引き出そう！

**アレンジ
してみよう！**

ポッポー

「ポッポー」をおしり
歩きの汽車ポッポに変
えてみましょう。

Arrange!

ねんねしてあそぼっ!

口角をあげて、にこやかに発音しながらスキンシップ!

ぱー!

両手を顔の横で開いて、にこやかな笑顔を見せます。

ぴっ!

人差し指でおへそにやさしくタッチ!

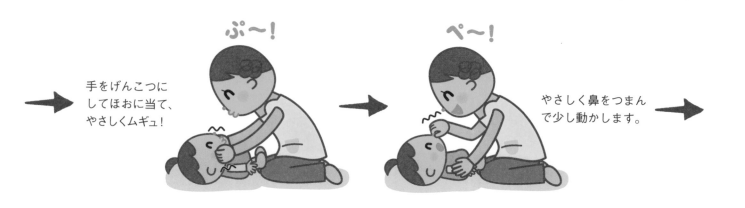

ぷ〜!

手をげんこつにしてほおに当て、やさしくムギュ!

ぺ〜!

やさしく鼻をつまんで少し動かします。

ポッポ〜

両手のひらで、顔や全身をやさしくマッサージします。

Point!

動きの種類はこのほかにもアレンジ自由です。耳・おでこ・胸・手足、いろいろなところをさわってにこやかにスキンシップしましょう。

だっこしてあそぼっ!

Arrange!

だっこだからリズムの変化＆遊び心が直に伝わります。

パターン①

ぱー！
ぴー！
ぷー！
ペー！

保育者は「ぱー！・ぴー！・ぷー！・ペー！」とお茶目におしりをゆっくり左右に振って……。

パターン②

ぱ～
ぴ～
ぷ～
ペ～

保育者は「ぱ～！・ぴ～！・ぷ～！・ペ～！」と、そ～っとゆっくり4歩進んで……。

ポッポ～

「ポッポ～」と小走りで進みます。

アドバイス

子育て支援活動など親子での実施にもおすすめ！
みんなで円をつくり、「ポッポ～～」で円心に集まるとにこやかな雰囲気が広がることでしょう。

たっちしてあそぼっ！①

まずは【ぱ】【ぴ】で動き楽しんでみましょう。

パターン①
ゆっくり

ぱー！

軽く跳んで両足を開くと同時に、両手を真横に伸ばします。

※「ぱー！」と「ぴっ！」の動きをゆっくりくり返します。適当なタイミングで……

ぴっ！

「ぴっ！」と気をつけ！

ハイ！ま〜る！

両手を外回しして頭上で指先を合わせながら、片足バランスでお茶目に「ま〜る！」

パターン②
ちょっとはやく

ぱっ！　ぴっ！

リズミカルに、ぱっ！　ぴっ！　ぱっ！　ぴっ！……くり返して……

パターン③
もっとはやく

ぱぴぱぴぱぴぱぴ……

すごくはやく、ぱぴぱぴ……とくり返して……

Arrange!

たっちしてあそぼっ!❷

体のいろいろな部分をお茶目に動かして、全身で遊びます。

ぱー!

軽く跳んで両足を開くと同時に、両手を真横に伸ばします。

ぴっ!

「ぴっ!」と気をつけ!

ぷ〜!

両手のげんこつをほおに当てながら、お茶目におしりを突き出します。(子どもが「笑いのツボ」にはまりやすいポーズです!!)

ぺ〜〜!

体の向きを変えて、両手でおしりをタッチ!

ポッポー

小走りの汽車ポッポであちこちに移動します。

Point!

「ぺ〜!」から次の「ポッポー」につなぐ間合いが、この遊びの最大のポイントです。「ぺ〜〜〜〜」と抑揚をつけながら伸ばして、一気に「ポッポー」とリズミカルな動きに変化させましょう。

バリエーション

「ぱー!」「ぴっ!」「ぶ～!」「ぺ～～～～!」のあと、
「ポッポー」の動きをいろいろと変えて、楽しんでみましょう。

ポッポー

つながり汽車ポッポ!

おしり歩きの汽車ポッポ!

連結も楽しいよ!

ポッポー

ハイハイの汽車ポッポ!

こんなハイハイも

ポッポー

**たかバイ
汽車ポッポ!**

ポッポー

**ずりバイ
汽車ポッポ!**

ひざ歩き汽車ポッポ!

Point!

ハイハイやおしり歩きは
腹背筋を刺激するとって
もすぐれた運動です。

57

おばけのあかちゃん

おばけのあかちゃん
作詞・作曲：瀬戸口清文

おばけの あ か ちゃん おばけの あ か ちゃん
ふーわふーわ の おけいこ ですよ 「ふわふわ〜」

かわいいかわいい
おばけのあかちゃんだよ！

このおばけのあかちゃんが
いろいろなことをするから、
「がんばれー！」って応援して!!

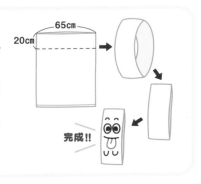

作り方

❶ 65cm幅のカラービニパック（またはカラービニロール）を約20cmの長さで切ります。

❷ 油性ペンで顔と手を描いて完成。

※レジ袋で代用してもOK。

65cm
20cm
完成!!

♪おばけのあかちゃん
おばけのあかちゃん
ふーわ ふーわの
おけいこですよ

全身でリズムをとって、おばけのあかちゃんを揺らします。

ふわふわ〜〜

投げあげキャッチを数回くり返します。

子どもたちは拍手で応援！

バリエーション

※歌詞の♪ふーわふーわのおけいこ♪をほかのおけいこに変えてアレンジします。

♪ぽーんぽーん
のおけいこ

軽く結んで手のひらで突きあげます。

♪おーっとっと
のおけいこ

しゅっとしごいて棒状にし、手のひらに立たせてバランスをとります。

♪びゅーん
びゅーん
のおけいこ

なびかせながら軽く走ります。

おすわりしてあそぼっ！

ひざにのっている子どもはにっこにこ！　操っている大人は必死の笑顔！

♪**ふーわふーわ**
のおけいこ

たかいたか〜い！

♪**ぽーんぽーん**
のおけいこ

ひざを軽く
あげさげ！

♪**おーっとっと**
のおけいこ

体を支えながら、太ももの
あたりに立たせてバランス！

♪**びゅーんびゅーん**
のおけいこ

後ろに寝転がって、
反動で起きあがります。

※無理はしないで!!

たっちしてあそぼっ！

かわいいおばけのあかちゃんに変身！　なりきって楽しみましょう。

♪**ふーわ
ふーわ**
のおけいこ

体を揺らしながら
その場をひと回り！

♪**ぽーん
ぽーん**
のおけいこ

軽やかに
その場でジャンプ！

♪**おーっとっと**
のおけいこ

片足をあげて
バランス！

♪**びゅーん
びゅーん**
のおけいこ

あちこち走り
回ります。

『おばけの
あかちゃん』
はこちらに収録
されています。

**０・１・２さい
親子の体あそびCD
だいすきっちゅ**

商品コード　27230
定価¥2,750　（税抜価格¥2,500）
監修／瀬戸口清文
著／藤原明美　松家まきこ
CD 1枚／全14曲
収録時間／約30分
振付集／1色刷り　28ページ

チクタクとけい

チクタクとけい　作詞・作曲：瀬戸口清文

チ　ク　タ　ク　チ　ク　タ　ク　　　と　け　い

♪**チクタク チクタク**
とけい

両手の人差し指を立てて、
1呼間ずつリズミカルに
左右に振ります。

ほおに人差し指を当てたにっこり笑顔で、
ゆっくり大きく左右に揺れます。

両手で顔を隠します。

ハト時計のハトが出るように顔を出したり、
隠したりをくり返します。

次の活動に
移行するときにも
おすすめ！

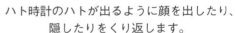

ねんねしてあそぼっ!

Arrange!

目と目を合わせて、スキンシップでにっこり! 心も落ち着きます。

♪チクタク チクタク とけい

足首を持って、交互にやさしく曲げ伸ばしします。

ボーン! ボーン!

体をねじるように、ゆっくり右に「ボーン!」、左に「ボーン!」

とけいさんが12時になったよ!

両手を時計の針に見立てて、やさしくバンザイさせます。

Point!

「バンザイ!」といっても、赤ちゃんの体の可動範囲を考えれば、大人のようにピーンと上まで両腕はあがりません。やさしく無理なく体を動かすことを意識しましょう。

12時といえば、お昼ごはんの時間で〜す!

Point!

もちろん、「3時!おやつの時間で〜す!」でもOK! 何時でもおやつやごはんの時間に見立てて、くり返し楽しみましょう!

パクパク、ムシャムシャ!

体を食べるように、やさしく茶目っ気たっぷりにマッサージします。

おむつ替えのときにもおすすめ!

ボーン! ボーン! おむつを替える時間で〜す!

61

おすわりしてあそぼっ！

おひざの上は特等席。手とり足とりふれあえます。

♪チクタク チクタク とけい

両手を持ってリズムを とります。

ボーン！ ボーン！

体を支えながら、ゆっ くり左右に傾けます。

なかよし ムギュ〜の 時間で〜す！

やさしく愛情たっぷり に抱きしめます。

今度は足で やってみよう！

♪チクタク チクタク とけい

足首を持って、交互に あげさげします。

両足で顔を隠します。

ぽっ ぽー

ハト時計のハトのように、顔を出したり 隠したりをくり返します。

Point! どの体勢の遊びも、それぞれの動きに合わせて、 無理のないテンポでおこないましょう。

たっちしてあそぼっ！

片足あげて、おっとっと……。バランス感覚を刺激します。

♪チクタク チクタク とけい

両手をつないでリズムをとります。

ボーン！

片足を横にあげて、体を傾けて「ボーン！」。同様に反対側にも「ボーン！」。

リ〜ン！

つないだ手を小刻みに振りながら、足をバタバタ踏み鳴らします。

今度は1人でやってみよう！

♪チクタク チクタク とけい

人差し指を立てて、1呼間ずつリズミカルに右左に振ります。

ボーン！ **ボーン！**

片足を横にあげて、体を傾けてバランスをとります。

リ〜ン！

人差し指をあげさげしながら、足をバタバタ踏み鳴らします。

カラダあそび ⑰ とんねるトントン

とんねるトントン　作詞・作曲：藤原明美

とんねる　トントン　くぐります
とんねる　トントン　でてきます
いなーい　いなーい　かくれん　ぼ!!
いなーい　いなーい　いなーい　ばぁ!!

まずは準備をしましょう

トンネルの作り方

1. 八つ切りサイズ程度の色画用紙（ピンク）を二つ折りにして、折り目をつける。

2. 内側の下半分に、ひとまわり小さく切った画用紙をセロハンテープで貼りつける。ただし、1辺だけ貼らずにポケット状にする。

3. 色画用紙を二つ折りにして、下辺をセロハンテープでとめる。

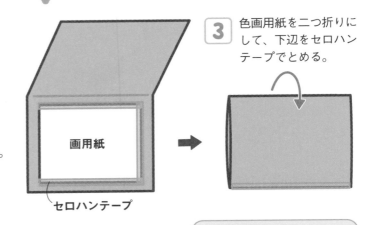

画用紙

セロハンテープ

絵人形（ウサギ）の作り方

トンネルの内側のポケットに入る大きさで、同じ形（表情）の絵人形（白・ピンク）を1つずつ作る。

*あらかじめトンネルの内側のポケットにピンクの絵人形を入れておきます。

ひも（60〜70cm）

*ひもの両端にクリップを縛りつけておきます。

型紙 ウサギやウマなどの型紙がダウンロードできます。
http://www.meito.jp/bonus/asobi_katagamiからどうぞ。

① ジャーン！これは何色？

ピンクの絵人形を仕込んだトンネルを出します。

② あ！みんなの顔が見える！やっほー

トンネルを筒状にして、のぞいて見せます。

③ これはトンネルなんだよ

あ、誰か遊びに来たよ！

ひもを首にかけ、クリップでトンネルをとめて両手をあけます。

④ だーれだ？　何色かな？

白いウサギの絵人形を出します。

⑤ ♪とんねるトントン　くぐります　いなーい　いなーい　かくれんぼ!!

うたいながら白いウサギをトンネルの中に入れます。

⑥ ♪とんねるトントン　でてきます　いなーい　いなーい　いなーい　ばぁ!!

にこやかにうたい、最後の「ばぁ!!」であらかじめ仕込んであったピンクのウサギを出します。
＊子どもたちのリアクションが楽しみな瞬間です。

65

❼

さあ、みんなも
ウサギさんになって、
ぴょんぴょん跳んでみよう!

ぴょん
ぴょん

首にかけたトンネルをはずして、
一緒にウサギの模倣遊び。

❽

ウサギさん!
トンネルくぐってごらん!

ぴょん

ぴょん

ぴょんぴょん跳びながら、
トンネルくぐりを楽しみます。

この要領で

ストーリーをつけて
楽しく展開しましょう。

① 絵人形を仕込んだトンネルを出して首にかける。

② もう1つの絵人形を出す。

③ うたいながら、絵人形をトンネルに入れる。

④ うたいながら、あらかじめ
仕込んでおいた絵人形を出す。

⑤ トンネルを首からはずし、その動物の歌をうたったり、
模倣遊びをしたり、トンネルをくぐったりして楽しむ。

トンネルと絵人形の例

トンネルをくぐると模様がある動物に大変身!　ヒントはトンネルの模様です。

白黒のしましまトンネル

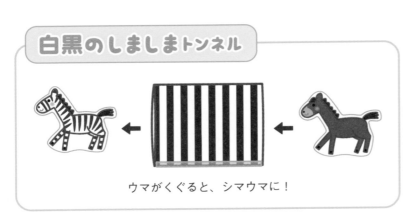

ウマがくぐると、シマウマに!

パッカパッカ
パッカパッカ

おウマさんになった気分で、
ギャロップをしながらトンネルくぐり。

少し太めの白黒のしましまトンネル

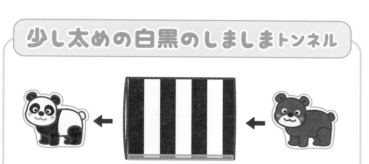

クマがくぐるとパンダに！

パンダさんになった気分で
高ばいでトンネルくぐり。

ぶち模様のトンネル

ネコがくぐるとぶちネコに！

にゃーにゃー

ネコさんになりきってトンネルくぐり。

赤い細長いトンネル

白いヘビがくぐると、赤いヘビに！

にょろにょろ

ヘビさんになりきって小さなトンネルくぐり。

 Point! 色・柄が変わる以外にも、大きさや形が変わるなど、
いろいろなアイデアが浮かびそうですね！

子育て支援活動のイベントとして

親子でふれあい カラダあそび

をおすすめします。ポイントはこちら！

Point ❶
開始前の雰囲気づくり！

ふだんから慣れ親しんでいる会場ならまだしも、そうでない場合はなおさら、子どもだけでなく大人だって"場所見知り"をすることがあります。子ども向けの曲などをBGMで流しておくだけで、その場の雰囲気は和らぐものです。おもちゃや遊具などを出しておき、参加者が開始前の待ち時間を楽しく過ごせるような工夫をするのもよいですね。 ただし、いざ一斉活動を始めるときにサッとかたづけられるものにしましょう。 そのおもちゃに固執して手放せないことのないように。

Point ❷
はじめが大事！

当然のことながら、ムスッとした顔よりは口角をあげた笑顔ですよね！ 感染症が流行る時季などマスクが必要な場合は、まさに"目は口ほどにものを言う"です。しかしそんなときも私は、大人のみなさんに向かってこう言います。「マスクで隠れていても、みなさんの笑顔が私にはしっかり見えますよ！ たくさん笑ってくださいね！」そんなひと言で、意識が変わることもあるのではないでしょうか。そして、声のトーンを少しあげるだけで明るさは増すものです。でもキンキンとうるさくならないように。

Point ❸
バラエティに
富んだ内容で！

特に低年齢児の場合は、持続的に遊ぶということはなかなかむずかしいものです。一斉指導でおこなうイベントについては、どんどん目先を変えてバラエティ豊かな内容でプログラムを構成することで、例えばぐずっていた子が、急にその遊びから笑顔になる場合もあります。 曲に合わせた体操やダンスを要所要所に入れて、メリハリをつけることも効果的。 また、思い出して家でもできる遊び、身近なものを使っての遊びなど、親の遊びの幅を広げるきっかけにもなる内容を組み込むとよいでしょう。

Point ❹
流れるような
展開を
意識して！

前述した「どんどん目先を変えてバラエティ豊かな内容に」とはいえ、すべてがぶつ切りになるというわけではありません。スムーズなつなぎで、まるで一連の遊びだったかのように感じさせることもできます。例えば、複数の保育者で担当する場合のバトンタッチ時の連携です。お互いがにこやかに会話で"間（マ）"を埋め合いながら、しぜんに次の内容に移行できるように心がけるとよいでしょう。そのためにもふだんから保育者同士のコミュニケーションを積極的にはかっておくことが必要です。

Point ❺
臨機応変に！

事前の綿密なプログラム立案や打ち合わせは大事なことではありますが、本番で計画通りにいくと限らないのも現実です。予期せぬ出来事が起きたり、想像していたリアクションが得られずに会場の雰囲気が低迷することもあるでしょう。また、参加児の年齢幅が広く発達段階に差がある場合も、その場で臨機応変に対応できる心のゆとりをもち合わせたいところです。自分の得意技（手遊びなど）でサッと軌道修正できるよう、日ごろからみがきをかけておきましょう。

Point ❻
適度な時間設定を！

特に低年齢児親子の一斉指導は短時間集中型をおすすめします。楽しく活動になじめている子の親はうれしいでしょうが、そうでない子の親はその場にいること自体につらさを感じてしまうものです。必要以上に長い時間を設定して「長かった～」と思わせるよりは、短時間に楽しいことを詰め込んで、「もっと遊びたかった！」の気持ちでイベントを終われるほうが賢明だと思います。終了後、会場で自由に遊べたり、親同士が情報交換できるような時間のゆとりがあればなおよいですね。

Point ❼
個々の対応は
さりげなく！

活動に参加できない子や大声で泣く子など個々の対応は、さりげなくおこないましょう。保育者が寄り添ったり、一度退出を促して気分転換をしてからの再入場をすすめたり、心穏やかな対応を心がけましょう。ときには、無理だと判断して途中で帰られる親子もいるでしょう。 そんなとき、つらい思いをしているのは保護者です。ほかの親子が楽しんでいる姿を見れば余計に「うちの子はなぜできないのか」と悲観してしまうもの。 深刻にならず、よくあることだと努めて明るく助言してあげましょう。

Point ❽
終わりも大事！

"終わりよければすべてよし"のことわざ通り、たとえ途中でうまく展開できないことがあったとしても、笑顔でエンディングのあいさつができたら大成功！「子どもたちが楽しそうに笑顔でいられたのはパパ・ママのおかげ。パパ・ママ、がんばった自分に拍手〜！」、そして「近くの大人同士で拍手〜！」、最後に「がんばった子どもに大好きムギュ〜！」など、子どもだけでなく保護者のがんばりに対する労いや感謝の気持ちを込めたり、自己肯定感を高められる言葉で明るくメッセージを送れるといいですね。

プログラムの時間配分を
イメージしてみましょう！

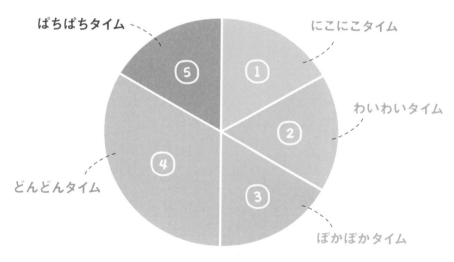

ぱちぱちタイム
にこにこタイム
わいわいタイム
⑤
①
②
④
③
どんどんタイム
ぽかぽかタイム

❶ にこにこタイム（＝心の準備運動）
座ったまま、笑顔を引き出す雰囲気づくり。

❸ ぽかぽかタイム（＝ほっとひと息スキンシップ）
ひざ上で、愛情をたっぷり感じる濃密なふれあい遊び。

❺ ぱちぱちタイム（＝エンディングに向かう）
最後にもうひと盛りあがりしてから、親子で
ほめ合う大切な時間。

❷ わいわいタイム（＝体の準備運動）
立って元気に全身を動かし、ほぐします。

❹ どんどんタイム（＝メインとなる活動）
さらにどんどん遊びを広げて展開する時間。

プログラム例を
3パターン紹介します。

参考曲は、
この作品集より
選曲しています

0・1・2さい
親子の体あそびCD
だいすきっちゅ

商品コード 27230
定価￥2,750（税抜価格￥2,500）
監修／瀬戸口清文
著／藤原明美　松家まきこ
CD1枚／全14曲
収録時間／約30分
振付集／1色刷り　28ページ

パターン A 〈トータル約45分〉

タイム名（目安時間）	内容	ポイントなど
① にこにこタイム 約7分	笑顔でごあいさつ 『ぱぴぷぺポッポー』（P.52）	「おててはパーでお顔の横！一番いいお顔を見せて！ わ〜い！」 わ〜い！
② わいわいタイム 約8分	『ぱぴぷぺポッポー』（P.55〜56）曲（例：きしゃぽっぽ）	リズミカルに踊ったり、親子汽車ポッポであちこち移動して楽しみましょう。
③ ぽかぽかタイム 約6分	『ドライブッブー』（P.24）曲（例：ほらねっ！）	ひざ上でだっこされたまま揺れたり、跳ねたり、ムギューしたり。愛情いっぱいのスキンシップを楽しみましょう。
④ どんどんタイム 約17分	『とまとがはしるPart1』（P.32〜34）曲（とまとがはしる）『とまとがはしるPart2』（P.38〜39）	ペープサートで楽しく導入し、身近な新聞紙などを使ったボール作り〜遊びへと展開します。
⑤ ぱちぱちタイム 約7分	曲（子どもたちに人気のある曲）	みんながよく知っている曲などで元気に動いて〜みんなのがんばりに拍手！
	曲（例：おほしさまのこもりうた）	最後に穏やかな曲（手話ソングなど）で心を落ち着けておしまい！

パターン B　トータル約**30分**

タイム名（目安時間）	内容	ポイントなど
1 にこにこタイム　約5分	**笑顔でごあいさつ**　『ぐる〜ん！』(P.16〜17)	おててはパーでお顔の横！ わ〜い！
2 わいわいタイム　約5分	『ぐる〜ん！』(P.19)　曲（例：バビリンチョ！ バブリンチョ！）	ハイハイでさらに全身運動！
3 ぽかぽかタイム　約5分	『ぐる〜ん！』(P.16〜17)	一つの遊び歌をバリエーション豊かに展開することで、その遊び歌がふかく印象に残ります。
4 どんどんタイム　約10分	『おばけのあかちゃん』(P.58〜59)　曲（おばけのあかちゃん）	視覚的刺激を与える教材からカラダ遊びへと発展します。
5 ぱちぱちタイム　約5分	曲（子どもたちに人気のある曲）　BGM（例：ずーっとだいすき）	みんながよく知っている曲などで元気に動いて盛りあがりましょう！〜みんなのがんばりに拍手！

パターン C　トータル約**20分**　※歩く前の赤ちゃんを主な対象児に限定した親子活動の場合

タイム名（目安時間）	内容	ポイントなど
1 にこにこタイム　約4分	**笑顔でごあいさつ**　『からだエレベーター』(P.4)	にこやかで穏やかなオープニングを心がけましょう。
2 わいわいタイム　約3分	曲（例：ロリーポップ）	親が立ちあがり、だっこダンスを楽しみます。
3 ぽかぽかタイム　約4分	『にぎにぎムギュ〜』(P.40〜41)	だっこダンスで、特に疲れた腕を親自身がほぐす運動〜愛情豊かに子どもをムギュ〜！
4 どんどんタイム　約5分	曲（子どもたちに人気のある曲）	みんながよく知っている曲などを、赤ちゃん向けの無理のない動きにアレンジするとよいでしょう。
5 ぱちぱちタイム　約4分	曲（例：おほしさまのこもりうた）	温かい拍手を送り合いましょう!!

著者紹介

ふじわらあけみ
藤原明美

日本遊育研究所 講師。
各地の保育園・幼稚園・児童館などで乳
幼児向け親子体操や運動遊びの指導にあ
たる。NHK Eテレ『いないいないばあ
っ！』『おとうさんといっしょ』に、体
操指導スタッフとして参加。保育者向け
実技講習会・ファミリー向けイベントで
も全国で意欲的に活動中。

イラスト／いとう・なつこ
表紙・本文デザイン／ ohmae-d
楽譜／ Office Gem
編集／川田隆子

0・1・2歳児のカラダあそび

あそぼー あそぼっ！

2023年4月　初版発行

著者／藤原明美
発行人／竹井 亮
発行・発売／株式会社メイト
〒114-0023
東京都北区滝野川7-46-1　明治滝野川ビル7・8F
電話：03-5974-1700 （代表）
印刷所／カシヨ株式会社
JASRAC （出） 2301778-301